신과 하나가 되는 길

그러나 저는,
하느님께 가까이 있음이 저에게는 좋습니다.

알베르투스가 알려주는 완전한 인간의 삶

신과 하나가 되는 길

알베르투스 마그누스 지음 | 안소근 옮김

오엘북스

■ 일러두기

· 이 책의 원서명은 On Union with God이다.

· 이 책에서 인용한 성경 구절은 《성경》(한국천주교주교회의, 2005)을 따랐다.

· 후주(後註)에서는 옮긴이가 독자의 편의를 위해 보충 설명한 것은 '역주(譯註)'라고 표기했으며, 그 외에는 P. J. 베르티에르(Berthier) O.P.(Ordo Praedicatorum 도미니코 수도회) 신부의 프랑스어판을 따랐다.

옮긴이의 글

가장 완전한 인간이 되는 삶

우리 영혼의 가장 뿌리 깊은 욕구, 그 가장 순수한 열망은 가능한 한 하느님께 가까이 가고자 하는 것이다. 즉 하느님과 하나가 되려는 것이다. 알베르투스 마그누스Albertus Magnus의 위대한 영혼이 원숙하게 무르익은 말년에 쓴(일부 비평가들은 다른 의견을 보이기도 한다) 이 작은 책은, 그 길로 가는 주요한 원리와 방법들을 단순하고 분명하게 제시하면서 가장 높은 영적 삶으로 이끌어주고 있다.

알베르투스를 처음 접하는 이들에게 그를 가장 간략하

게 소개하는 말은, '토마스 아퀴나스의 스승'이라는 것이다. 토마스 아퀴나스Thomas Aquinas는 도미니코 수도회 안에서 알베르투스를 스승으로 만났고, 알베르투스는 토마스가 장차 온 세상을 흔들 인물이 될 것을 알아보았다. 평생 그들은 우정을 이어갔다.

알베르투스는 1205년 또는 1206년에 독일 슈바벤에서 태어났고, 1223년에 도미니코회에 입회했다. 파리, 쾰른, 레겐스부르크 등에서 신학을 가르쳤고, 파리대학에서 박사학위를 받았다. 수도회에서 관구장으로, 또 얼마 동안은 레겐스부르크의 주교로 임무를 수행하기도 했다. 그는 1280년 쾰른에서 세상을 떠날 때까지 지칠 줄 모르고 훌륭한 능력들을 펼쳤다.

학문적 측면에서 알베르투스의 중요한 공헌은, 아리스토텔레스Aristoteles를 받아들였다는 데에 있다. 그가 토마스만큼 아리스토텔레스의 영향을 받은 것은 분명 아니었다. 하지만 그때까지의 신학이 주로 플라톤 계통의 영향 하에 있었다면, 알베르투스는 그 색깔을 지니고 있으면서도 아리스토텔레스를 받아들일 수 있도록 문을 열었다. 알베르투스 자신이 동물학, 식물학 같은 자연과학에도 관심이 많았으므로 먼저 아리스토텔레스의 자연과학을 받아들일 수 있었고, 이어서 그의 사상이 그리스도교 신학에도 큰 도움을 줄 수 있다는 것을 알아보았다. 이 방향으로 더욱 나아가 꽃을 피운 것이 그의 제자였던 토마스 아퀴나스이다.

하느님과의 일치에 대해 말하는 이 책에서는, 아리스토텔레스의 영향보다는 그 이전 더 전통적인 신학의 색채가 두드러진다. 하느님과 일치하기 위해서는 감각적인 것을 초월하고 이 세상의 모든 것에서 벗어나야 한다는 점을 강조한다. 위-디오니시우스Pseudo-Dionysius를 인용하는 데에서 드러나듯이, 이 세상의 사물들을 통해서 또는 그 안에서 하느님을 알아보는 것을 말하기보다 그 모든 것을 벗어남으로써 오직 하느님과 결합되는 것을 말한다.

어떤 부분들에서 이 책은, 현대의 사고방식과는 차이를 보인다. 우리가 긍정적으로 가치를 인정해야 한다고 여기는 것들에 대해서도 여기에서는 벗어나고 넘어서야 한다고 말하기 때문이다. 이 책의 마지막에 달려 있는 주註 가운데 역주譯註로 따로 표시된 것을 제외하고는 프랑스어판 편집자인 P. J. 베르티에르Berthier 신부가 설명을 붙인 것인데, 20세기 초에 나온 그 책에서도 알베르투스의 입장에 약간의 수정이 필요함을 지적하고 있다.

그러나 이 책의 핵심은 인간의 완전함, 인간의 행복, 인간의 목적이 오직 하느님과 하나가 되는 데에 있다는 것이다. 인간이 이 세상에서 지니고 있는 조건들 때문에, 이는 현세에서는 완전하게 실현될 수 없다. 그렇다면 인간의 삶에 따르는 모든 제한들을 벗어나게 될 때 우리가 도달하는 '완전함'의 상태는 무엇이겠는가?

이 책에서 알베르투스가 우리에게 제시하는 이상은, 현세에서 살면서도 이미 그 모든 제약들을 떨쳐버린 듯이 가능한 한 자유롭게 하느님을 향하여 날아가는 것이다. 콜로새서에서 말하듯이, "여러분은 그리스도와 함께 다시 살아났으니, 저 위에 있는 것을 추구하십시오. 거기에는 그리스도께서 하느님의 오른쪽에 앉아 계십니다. 위에 있는 것을 생각하고 땅에 있는 것은 생각하지 마십시오."(3,1-2)라고 권고하는 것이다. 이는 이 세상의 좋은 것들을 포기한 우울한 삶이 아니라 천국에 있는 복된 이들과 같은 삶이고, 인간이 가장 완전하게 인간이 되는 삶이다.

2023년 3월

안 소 근

| 차 례 |

옮긴이의 글 _ 가장 완전한 인간이 되는 삶 · 005

Part 1. 가장 높은 곳으로 가는 길

지상에서 도달할 수 있는 최고의 완전함 · 015

모든 것을 내려놓고 그에게 맡긴다 · 019

현세에서 완전함에 이르는 법 · 023

감각이 아닌 이성으로 노력하라 · 027

가장 중요한 것은 순수한 마음이다 · 033

하느님의 마음을 얻고 가까이 다가가는 길 · 041

신을 향해 오르는 일은 자기 안으로 들어가는 것 · 047

어떤 일이든 자신을 내맡기라 · 053

Part 2. 그와 하나가 되는 길

무엇보다 먼저 하느님을 관상해야 한다 · 061
우리와 하느님의 의지가 하나 된다는 것 · 069
유혹을 물리치고 시련을 견디는 방법 · 075
하느님을 향한 사랑의 힘 · 081
우리가 할 수 있는 것은 기도뿐 · 087
모든 판단은 양심의 소리에 따른다 · 093
먼저 자신을 낮추고 버려라 · 099
모든 것을 보살피고 있다 · 107

후주(後註) · 117

Part 1

가장 높은 곳으로 가는 길

그러나 저는, 하느님께 가까이 있음이 저에게는 좋습니다.
–시편 73,28

지상에서 도달할 수 있는 최고의 완전함

나는 유배와도 같은 지상에서의 나날을 순례하는 시간[1]에 우리가 할 수 있는 최선의 일, 즉 우리 영혼이 모든 세상의 사물과 완전히 결별하고 무엇에도 걸림 없이 하느님과 하나가 되는 것에 대한 몇 가지 생각들을 적고 싶어졌다.

내가 이런 생각을 더 하게 된 이유는 하느님과 하나가 되게 하는 사랑charity만이 그리스도인이 향해 가야 할 완성의 목적이기 때문이다.[2]

이 사랑의 결합은 구원을 위해 꼭 필요하다. 그 결합이 계명을 실천하고 하느님의 뜻을 따르는 데에 있기 때문이다. 이 결합은 사죄死罪[3]처럼 사랑의 본질과 성질에 대립되는 모든 것으로부터 우리를 떼어놓는다.[4]

그런데 자신의 최종 목적인 하느님께 더 쉽게 도달하는 수도자들은 이런 계명을 넘어선다. 그들은 자발적으로 권고를 받아들여[5] 복음적 완전성에 자신을 바치리라 약속한다.[6] 그들은 수도서원修道誓願으로 영혼과 육신에 관계되는 모든 것을 포기한다.[7] 이 서원에 힘입어 그들은 하느님을 향한 뜨거운 사랑이나 비상에 장애가 될 수 있는 것들을 모두 끊어버린다. 하느님은 정녕 영Spirit이므로 "그분께 예배를 드리는 이는 영과 진리 안에서 예배를 드려야"(요한 4,24) 하기 때문이다. 다시 말하면 세상의 모든 환영에서 정화된 지식과 사랑으로, 지성과 의지로 예배를 드려야 하는 것이다.

성경에도 이렇게 적혀 있다. "너는 기도할 때 골방에 들

어가"—즉 네 마음의 가장 깊은 곳으로 들어가, "문을 닫은 다음"—즉 네 감각의 문을 닫은 다음, 순수한 마음으로, 자유로운 양심으로, 거짓 없는 믿음으로, 영과 진리로 "네 마음 가장 깊은 곳에 계신 아버지께"(마태 6,6) 온 마음을 다해 진심으로 기도하라.

다른 모든 것을 버리고 벗어버려야만, 이런 이상적인 상태에 도달할 수 있다. 온 세상으로부터 벗어나 세상을 잊고 자신 안에 온전히 침잠해야만 그는 침묵 속에서 예수 그리스도의 현존 안에 머물게 된다. 이제 그는 영혼의 고독 속에서 자신의 존재를 잊어버릴 때까지, 강렬한 사랑으로 진실하고 충실하게 하느님 앞에 자신의 마음을 쏟아낸다. 그의 마음은 점점 확장되고 타올라 신 안으로, 신의 가장 깊은 안으로 녹아들게 된다.

모든 것을 내려놓고 그에게 맡긴다

이 행복한 상태에 들어가기를 갈망하고 그곳을 향해 걸어가고자 한다면, 이렇게 해야 한다.

첫째, 눈을 감고 감각들의 문에 빗장을 건다. 어떤 것에도 영혼이 뒤흔들리지 않게 하고, 어떤 근심 걱정도 영혼을 침범하지 못하게 한다.

모든 지상의 사물들을 자신에게 쓸모없고 해롭고 위험하다고 여기며 떨쳐버린다.[1]

그런 다음 온전히 자신 안으로 들어가, 오직 상처 입은 예수님에게 시선을 고정한다. 온 힘을 다해 그를 통해, 곧 사람이 되신 하느님을 통해 하느님께 도달하도록 힘써야 한다. 사람이 되신 하느님의 거룩한 상처들을 통해 우리는 하느님에 대한 지식을 얻을 수 있다.

확신을 갖고 순수하게 자신을 내려놓고, 저버림이 없는 하느님의 섭리에 모든 근심 걱정을 내맡긴다. 성 베드로도 "여러분의 모든 걱정을 그분께 내맡기십시오."(1베드 5,7)라고 가르쳤다. 그분은 모든 것을 할 수 있다. 그러니 "아무것도 걱정하지 마십시오."(필리 4,6) "네 근심을 주님께 맡겨라. 그분께서 너를 붙들어주시리라."(시편 55,23) "그러나 저는, 하느님께 가까이 있음이 저에게는 좋습니다."(시편 73,28) "저는 언제나 주님을 제 앞에 모십니다."(시편 16,8) "나는 내가 사랑하는 이를 찾았네."(아가 3,4) 그분과 함께 "좋은 것이 다 나에게 왔다."(지혜 7,11)

이것은 감추어져 있는 천상의 보물이고, 무엇보다 귀하

I·N·R·I

게 여겨야 할 값진 진주다. 우리가 겸손과 신뢰, 지치지 않는 노력으로 침묵과 평화 속에서 추구해야 할 것이 바로 여기에 있다.

육신의 편안함이나 타인의 칭찬과 명예를 잃어버리더라도 우리는 용감하게 이것을 구해야 한다.

그렇게 하지 않는다면, 수도자가 "온 세상을 얻고도 자신의 영혼을 잃는다면 무슨 소용이 있겠는가?"(마태 16, 26 참고) 예수님이 사랑과 믿음으로 머무시는 겸손하고 참된 정신이 없다면 수도자의 신분이나 거룩한 서원, 삭발[2] 같은 절제된 삶의 외적 표시들이 무슨 가치가 있겠는가? 성 루카도 '하느님의 나라', 즉 그리스도는 "너희 가운데에 있다."(루카 17, 21)라고 했다.

현세에서
완전함에 이르는 법

세속적인 것들에 정신을 빼앗기고 걱정을 하는 만큼 우리는 뜨거운 신심을 잃어버리고 천상의 것들에서 멀어지게 된다.

반면에 저급한 것들에 대한 생각과 애정, 기억들로부터 우리의 힘을 부지런히 거두어들여 이 힘을 천상의 것들에 집중할수록, 우리 기도는 완전해지고 관상[1]도 더 순수해진다. 영혼은 빛과 어둠처럼 상반되는 대상에게 동시에 자신을 내어줄 수 없다.[2] 하느님과 하나 되어 사는 사람은 빛 속에 살고, 세상에 집착하는 사람은 어둠 속에서 살아간다.

우리가 현세에서 도달할 수 있는 최고의 완전함은 하느님과 하나가 되는 것이다. 우리의 영혼과 모든 힘, 기능들이 그의 안에서 모아지고 그와 하나의 영이 되는 것이다.[3] 그때 우리의 영혼은 하느님 말고는 아무것도 기억하지 않고, 오로지 그만을 좋아하고 이해하게 된다. 우리의 모든 감정은 사랑의 기쁨 안에서 통합되고, 창조주를 향유하며 감미로운 안식을 누린다.

창조주의 모습은 우리 영혼에 새겨져 있다.[4] 이성의 이해, 기억, 의지라는 세 가지 능력 안에서 우리는 그의 모습을 발견할 수 있다. 하지만 이것이 창조주를 완벽하게 닮은 것은 아니다. 또한 인간은 창조된 첫날들처럼 하느님의 모습을 지니고 있지도 않다.[5]

하느님은 영혼의 '형상form'이다. 그는 밀랍에 봉인을 찍

듯이, 또는 어떤 대상에 도장을 찍듯이 영혼에 당신 자신의 모습을 새겨넣는다.[6]

우리의 이성이 그 능력에 따라 하느님에 대한 앎으로 온전하게 비춰지고, 의지가 지고의 선을 향한 사랑에 전념하고, 기억이 영원한 행복을 관상하고 향유해서 커다란 행복이 주는 감미로운 안식 속에 머물 때에만 하느님의 모습은 우리 영혼에 완전하게 새겨진다.

이런 상태를 완전하게 소유하는 것은 복된 이들의 영광에 속하므로 현세의 삶에서 완전성에 도달하는 일은 그것의 시작에 있음이 분명하다.

감각이 아닌
이성으로 노력하라

자신의 영혼에서 지상의 것들에 대한 생각과 환영들을 부단히 씻어내 영혼의 힘을 내면으로 모아들이고 이를 하느님께 들어 올리는 이들은 복되다.

그는 마침내 모든 표상들을 잊어버리고 순수한 지성과 의지에서 비롯되는 단순하고 직접적인 행위를 통해 절대적으로 진실한 분인 하느님을 관상하게 된다.

그러므로 환영이나 우상, 형상처럼 하느님이 아닌 모든

것을 버리고,[1] 하느님과의 관계가 정화된 이해와 감정, 의지로 시작되게 해야 한다. 이 세상의 것들로 마음을 어지럽히지 않고 오직 지성과 뜨거운 사랑으로 하느님께 가까이 나아가, 우리 영혼 안에 있는 그분 안에서 안식을 누리는 것이 우리가 하는 모든 수고의 목적이기 때문이다.

우리는 신체 기관이나 외적인 감각들을 통해서가 아니라, 인간을 인간답게 만들어주는 지성과 의지를 통해서 이 목적에 도달할 수 있다.[2] 누군가 상상과 감각의 대상들에 머물러 시간을 허비하고 있다면, 그는 짐승들에게도 있는 동물적 본성의 한계와 본능을 아직 넘어서지 못한 것이다. 짐승들은 형상과 감각을 통해 지각하고 느낀다. 그보다 더 높은 능력을 갖고 있지 못하므로 그럴 수밖에 없다. 하지만 인간은 다르다. 인간은 지성과 감정, 의지를 지니고 있으며, 하느님의 모상模像으로 그분과 유사하게 창조되었다. 이런 능력들을 통해 인간은 중재 없이 순수하고 직접적으로 하느님과 소통하고 그를 향해 나아가 그와 하나가 될 수 있다.[3]

악마는 우리가 이런 수련을 하지 못하게 할 수 있는 한 방해한다. 이것이 영원한 생명의 전조이자 시작이라는 걸 알고 우리를 질투하기 때문이다. 그래서 악마는 때로 유혹이나 정념情念 passion[4]으로, 혹은 다른 어떤 것으로 우리 생각을 하느님으로부터 멀어지게 하려고 온갖 애를 쓴다.

불필요한 근심이나 어리석은 걱정을 불러일으키기도 하고, 부정한 대화와 헛된 호기심으로 우리를 끌어들이기도 한다. 또한 음흉한 책이나 타인들의 말, 헛소문, 신기한 것들로 우리를 얽어매고, 시련이나 역경에 빠지게 할 수도 있다.

이런 것들은 잘못이 아닌 것처럼 느껴지기도 한다. 혹 잘못이라고 해도 사소한 것으로 여겨질 수도 있다. 하지만 거룩한 수련에서는 우리의 진보를 가로막는 큰 방해가 된다. 그러므로 작은 것이든 큰 것이든 때로 그것이 유용하고 심지어 필요하다고 여겨지는 순간에도 우리는 이에 저항하고 몰아내야 한다. 듣고 보고 행하고 말하는 것이 우리 안에 흔적을 남기거나 우리의 상상을 가득 채우지 않게 해야 한다. 이것은 아주 중요한 일이다.

듣고 보고 행하고 말할 때 우리는 그 전이나 후에, 혹은 그 순간에도 그것들이 마음에 새겨지거나 심상이 형성되게 해서는 안 된다. 정신이 이런 생각들로부터 자유로워야 기도와 묵상, 찬송을 하며 영적 수련을 할 때도 방해를 받지 않는다. 또한 이 잡념들이 다시 일어나 우리를 괴롭히지도 못한다.

그다음 우리가 할 일은 자기 자신과 모든 근심걱정을 침묵과 평화 속에서 틀림없고 확실한 하느님의 섭리에 맡기는 것이다. 이제는 하느님 자신이 우리를 위해 싸워주고 우리에게 자유와 위로를 선사할 것이다. 이 자유와 위로는 밤낮으로 헛되고 부질없는 생각과 공상에 몰두할 때 얻을 수 있는 것보다 훨씬 건강하고 고귀하고 감미롭다. 이러한 것들은 우리 정신을 사로잡아 이리저리 휘두

르고, 영혼과 몸을 지치게 만들고, 시간과 힘을 허비하게 만들 뿐이다.[5]

그러므로 어떤 원인에서 생겨난 것이든 모든 것이 하느님의 자애로운 섭리에서 비롯된 것이라고 여기며 침묵 중에 평온하게 받아들여야 한다.

우리의 신분과 서원이 요구하는 대로, 세상의 것들에 대한 모든 표상에서 벗어나야 한다. 그래야만 정화된 정신과 진실한 마음으로 자신이 스스로를 봉헌한 그분께 온전히 나아갈 수 있다.

우리 영혼과 하느님 사이에 어떤 것도 끼어들지 못하게 해야 한다. 그리하여 거룩한 인성의 상처들로부터 확실하고 직접적으로 하느님의 빛을 향해 의심 없이 나아갈 수 있다.

가장 중요한 것은 순수한 마음이다

은총과 영광에 이르는 지름길로, 영원한 행복, 곧 우리의 참된 본향을 향해 곧고 안전한 길로 가고 싶은가? 그렇다면 늘 깨끗한 마음과 순수한 정신, 평온한 감각을 지니기 위해 온 힘을 다해 노력해야 한다. 감정들을 모아 오롯한 마음으로 하느님께 매달려야 한다.

할 수 있는 한 아는 사람을 포함한 모든 이와 거리를 두고, 거룩한 수련에 방해가 되는 일들을 삼가라.

고요와 관상에 가장 적합한 장소와 시간, 방법을 열심히 찾아서 침묵과 고독을 사랑으로 끌어안으라.

무엇보다 세상에 가득한 위험들을 주의해야 한다. 결코 멈추지도 않고 고요해지지도 않는 세상의 소란스러움에 동요되지 않도록 하라.[1]

마음의 순수와 자유, 평화를 얻는 것만이 주된 관심사가 되도록 하라. 감각의 문들을 잠그고 그 안에 머물며 세속적인 것들의 형상과 생각에 맞서 최대한 부지런히 마음을 닫으라.

영성 생활의 모든 수련 가운데 가장 중요한 것은 마음의 순수다. 우리의 모든 수고의 목적이자 보상인 마음의 순수는 참으로 영적이고 좋은 수도자로 살아가는 이들에게서만 찾아볼 수 있는 것이다.

그러므로 마음과 감각과 감정의 자유를 가로막고 영혼

을 속박하거나 얽어맬 수 있는 모든 것에서 벗어나도록 부지런하고 꼼꼼하게 수련해야 한다. 정처 없는 감정들을 한데 모아 유일하고 순수한 진리, 최고선을 향한 사랑에 집중함으로써 마치 사슬에 묶인 것처럼 그것이 내면에 머물도록 하라.

언제나 하느님과 거룩한 것들에 시선을 고정하고, 세상의 어리석은 것들을 물리치며, 예수 그리스도 안에서 마음속 깊이까지 온전히 변화하도록 노력해야 한다.

우리의 모든 능력 안에서 하느님의 선한 즐거움을 맛보고 누리며, 의지와 지성을 그에게 집중하기 위해 세상의 표상들로부터 영혼을 깨끗이 정화하고, 사랑과 신뢰로 마음과 정신을 하느님 안에 고요히 일치시켜 평온해지도록 했다면, 우리는 더 이상 하느님과 이웃에 대한 사랑을 배우기 위해 성경을 읽고 연구할 필요가 없다. 성령이 우리를 가르칠 것이기 때문이다.[2]

따라서 마음을 정화해 흔들림 없는 평화 속에 머물도록 수고와 노력을 아끼지 말아야 한다.

마치 이미 영원의 새벽이, 하느님의 끝없는 날이 밝아온 것처럼 당신 영혼의 은밀한 장소에서 고요히 하느님 안에 머물러라.

순수한 마음과 평화로운 양심, 거짓 없는 믿음으로 예수 그리스도에 대한 사랑을 굳건히 하며 자신에게서 벗어나도록 해야 한다. 어떤 시련에도 전적으로 하느님께 자신을 맡기고 그분의 뜻에 대한 완전한 순종과 선한 기쁨 외에는 아무것도 마음에 두지 않도록 하라.

여기에 이르고자 한다면, 가능한 한 모든 것에서 벗어나 자주 자신의 영혼 안으로 들어가 거기에 머물러야 한다.

영혼의 눈을 언제나 순수하고 평화롭게 간직하라. 이 세상의 형상과 생각들이 정신을 더럽히지 못하도록 해야

한다. 자신의 의지를 세속적인 걱정으로부터 보호하고, 마음의 모든 부분이 최고선Sovereign Good을 향한 사랑에 뿌리를 두게 한다. 그러면 우리의 온 영혼과 능력이 하느님 안에 깊이 잠기며 그와 하나의 영이 될 것이다.

이 세상에서 인간이 도달할 수 있는 최고의 완전함은 바로 이것이다.

인간이 모든 것에서 최고의 영원한 뜻에 일치하게 되는 영과 사랑의 결합은, 하느님이 본성상 지니신 것에 우리가 은총으로 참여할 수 있게 한다.[3]

이 진리를 잊지 말아야 한다. 누군가 하느님의 도움으로 자신의 의지를 꺾을 수 있게 되면, 다시 말해 무절제한 애정과 걱정에서 벗어나 자신과 자신의 모든 비참을 남김없이 하느님의 품에 내맡기면, 그 순간 그는 은총이라는 선물을 받을 수 있을 만큼 하느님의 마음에 흡족하게 된다. 이 은총은 사랑을 가져오며, 사랑은 모든 두려움과 망설임을 몰아내고 영혼을 신뢰와 희망으로 가득 채운다. 저버림이 없는 이에게 모든 걱정을 내맡기는 것보다 더 복된 일이 어디에 있겠는가? 우리가 자신에게만 의지하면 비틀거리게 된다. 그러나 두려움 없이 하느님의 품에 자신을 내맡기면, 그분이 우리를 안아주고 치유하며 구해줄 것이다.[4]

이 진리들을 자주 깊이 곱씹으면, 거짓된 세상의 모든 재물과 쾌락과 명예보다 더 큰 행복이 찾아올 것이다. 누군가 이전의 모든 지혜로운 이를 능가하는 사람이 있다 해도 이 진리는 썩어 없어질 지상의 모든 지식과 지혜보다 더 여러분을 복되게 해줄 것이다.

하느님의 마음을 얻고 가까이 다가가는 길

온갖 현세적인 생각과 혼란에서 더욱 잘 벗어나게 되면, 영혼이 힘을 되찾고 내적인 감각들을 지배하게 된다. 또한 영혼은 천상의 것들이 지닌 감미로움을 맛보기 시작할 것이다.

그러므로 외적이고 물질적인 대상의 이미지들에서 벗어나야 한다. 하느님은 이렇게 정화된 영혼을 특별히 사랑한다. 그분의 "기쁨"은 "사람들"(잠언 8,31), 곧 지상의 일들과 잡념들에서 벗어나고 정념으로부터 평온하며 오직 단순하고 순수한 마음을 그분께 드리는 이들이다.

기억과 상상, 생각이 마음 밑바닥에 여전히 남아 있으면, 새로운 사건과 과거의 기억 같은 것들이 필연적으로 우리를 얽어매 아래로 끌어내린다. 성령은 이런 공허한 생각들 가운데에 머물지 않는다.

예수 그리스도의 참된 친구는 자신의 지성과 의지로 하느님의 뜻과 선함에 일치한다. 그는 상상이나 정념에 지배당하지 않고, 사람들이 자신을 사랑하든 조롱하든 문제 삼지 않으며, 타인들이 무엇을 어떻게 하든 전혀 신경을 쓰지 않게 된다. 참으로 선한 의지는 모든 것을 행하며 무엇보다 가치 있는 것임을 알아야 한다.

의지가 선하고 하느님께 온전히 부합해 일치하며 이성의 인도를 받는다면, 몸이나 감각, 외면이 악으로 기울고 선을 행하는 데 게을러도 크게 문제되지 않는다. 내적으로 헌신이 부족해도 마찬가지이다.[1] 믿음과 선한 의지를

통해 온 영혼이 신과 결합되어 있는 것으로 충분하기 때문이다.

자신이 불완전하고 아무것도 아니며 모든 행복이 창조주 안에 있다는 것을 아는 사람은, 자신과 자신의 힘, 능력, 피조물을 버리고, 모든 것을 완전히 내려놓은 채 하느님 품 안에 숨어들 것이다.

이제 그의 모든 행위는 단순하고 순수하게 하느님을 향한다. 그는 하느님 외에는 아무것도 찾지 않는다. 오직 하느님 안에서 모든 선과 완전한 행복을 발견할 수 있다는 것을 알기 때문이다. 이러한 앎으로 그는 하느님 안에서 변화된다. 그는 하느님과 신적인 것들 말고는 더 이상 어떤 것도 생각하거나 사랑하거나 이해하거나 기억하지 않는다. 오직 신 안에서만 자신과 피조물을 바라보게 된다. 하느님에 대한 사랑 말고는 어떤 사랑에도 사로잡히지 않고, 창조주 하느님 외에는 세상의 모든 피조물과 자신의 존재조차 기억하지 않는다.

진리에 대한 이런 앎은 영혼을 겸손하게 만들어 자신에게는 엄격하되 타인들에게는 자비로워진다. 이와 달리 세속적인 지혜는 자만과 허영으로 거드름을 피우게 만든다. 보라, 바로 이런 것이 지혜롭고 영적인 가르침이다. 진리에 뿌리내린 이런 가르침은 참된 지식과 하느님에 대한 봉사로 우리를 인도하고 마침내 신과 가까워지게 한다.

만일 진심으로 하느님을 알고 소유하고 싶다면, 사람을 포함한 모든 피조물에 대한 세속적인 애착을 마음에서 기필코 떨쳐버려야 한다. 그래야만 온 마음과 힘을 다해서 자유롭고 단순하게 신을 향해 갈 수 있다. 모든 것을 살피는 신의 섭리를 온전히 믿고 모든 것을 맡길 때 우리는 외로움도 두려워하지 않고 하느님을 향해 갈 수 있다.[2]

신을 향해 오르는 일은 자기 안으로 들어가는 것

《영과 영혼De Spiritu et Anima》의 저자[1]는 이 책의 제21장에서 신을 향해 오르는 일이 다름 아닌 자기 안으로 들어가는 것을 의미한다고 했다. 실제로 자기 영혼 안의 비밀 장소로 들어가는 사람은 자신을 넘어서 참으로 신을 향해 오르게 된다.

그러므로 하느님을 관상하는 빛 안에서 안식을 누리고자 하는 사람은 마음을 어지럽히는 지상의 잡념들을 당신의 마음속에서 몰아내고 영적인 기쁨으로 눈길을 돌려야 한다.

영혼의 참된 생명과 안식은 오직 하느님 안에 머무는 데에 있다. 그 안에서 우리는 사랑에 사로잡히고 신적 위로로 감미롭게 활기를 얻게 된다.

그러나 세상에는 우리가 이 안식을 누리지 못하게 방해하는 장애물이 많아, 우리 자신의 힘으로는 결코 안식에 이를 수 없다. 이유는 명백하다. 우선 정신이 산만하고 쉽게 다른 것에 사로잡힌다. 정신은 기억의 도움을 받아도 자기 안으로 들어가지 못한다. 환상에 눈이 멀어 있기 때문이다. 지성으로도 들어가지 못한다. 지성이 정념에 오염되어 있기 때문이다. 내적인 기쁨과 영적인 즐거움에 대한 갈망도 영혼을 내면으로 이끌지 못한다. 감각적이고 덧없는 것들에 너무 깊이 매몰되어 있어서, 창조주의 모상인 자신에게로 돌아가지 못하는 것이다.

우리는 경외심과 겸허한 신뢰의 날개를 타고 올라 온전

히 초연해진 우리의 영혼이 자신과 모든 피조물을 넘어 말하는 것을 들어야 한다. 그리고 자기 안에 머물 수 있어야 한다. 이것은 정말로 필요한 일이다. 우리가 무엇보다, 다른 어떤 것보다 더 많이 찾고 사랑하고 갈망하는 그분은 감각이나 상상으로 인지할 수 있는 존재가 아니다. 그는 감각과 이해를 초월한다. 감각으로 감지될 수 없지만 그는 우리 갈망의 대상이다. 형태가 없지만, 우리가 마음 깊은 곳으로부터 사랑을 드려야 마땅한 분이다. 그는 비교할 수 없는 분이며, 마음이 깨끗한 이들이 한없이 갈망하는 존재이다. 무엇보다 그는 감미롭고 사랑스러우며, 무한히 선하고 완전하다.

이를 깨닫게 되면 우리는 영혼의 어둠 속으로 들어가 더욱 깊이 자신의 안을 파고 들어간다.[2] 내면으로 들어가기 위해 노력하는 만큼 더욱 빨리 일치 안의 삼위와 삼위 안의 일치의 신비로운 방법을, 그리스도 예수를 바라볼 수 있게 된다. 사랑이 클수록 우리가 거두는 열매는 더 귀하다. 영적인 측면에서는 더 내적인 것일수록 더 높은 것이기 때문이다. 우리를 기다리는 그 충만한 기쁨을 진실로 미리 맛보고 신적인 감미로움과 기쁨의 첫 열매를 얻을 때까지 지치거나 멈추지 말고 계속 노력해야 한다. "시온의 하느님"(시편 84,8) 앞에 나서기까지 더욱 더 힘차게 이를 추구해야 한다.

영적인 상승, 즉 하느님과 더 밀접하게 일치하고자 한다면 멈춰 쉬거나 뒤로 물러서선 안 된다. 오직 자신이 갈망하는 그 대상을 얻을 때까지 계속 앞으로 나아가야 한다. 산에 오르는 이들은 좋은 본보기가 된다. 욕망으로 인해 이미 지나쳐온 것을 돌아보려 하면, 우리 정신은 어지러운 잡념 때문에 샛길로 빠져 길을 잃고 만다. 결국 정신은 사방으로 흩어져 끌려다닌다. 그러면 앞길이 불확실해지고 목적지에 도달하지도 못한다. 모든 수고가 끝난 후에도 안식을 누릴 수 없다.

반면에 마음과 정신이 사랑과 고차원적인 갈망에 인도되면 마음을 어지럽히는 이 세상의 걱정거리를 떠나 세속적인 것들에서 벗어나게 된다. 유일하게 참되고 변치 않는 선에 집중해 사랑의 유대로 굳게 결합되는 영혼은 앎과 갈망의 날개로 높이 날아오르는 만큼 더 강해지고 깊은 관상에 머문다.

이런 상태에 이른 사람들은 마치 습성처럼 최고선에 머물며, 마지막에는 그것과 하나가 된다.

참된 생명인 하느님이 영원히 빼앗기지 않을 우리의 것이 된다.[3] 우리는 시간의 흐름과 변화로부터 완전히 자유로운[4] 그분과 감미로운 친교를 이루며 내적인 행복을 평화롭게 즐기고 비로소 안식을 누린다. 우리의 거처는 우리 자신의 영혼 안에, 예수 그리스도 안에 영원히 고정되어 있다. 그는 당신을 향하는 모든 이들의 "길이요 진리요 생명이다"(요한 14,6).

어떤 일이든
자신을 내맡기라

내 생각이 틀리지 않았다면 지금까지 말한 모든 것에서 깨달았을 것이다. 이 세상의 표상과 창조된 사물들을 멀리하고 창조주 하느님과 더 가까이 결합할수록 순수함과 완전함의 상태에 가까워진다는 사실을 말이다. 이보다 더 행복하고 좋고 감미로운 무엇이 있겠는가?

그러므로 이 세상의 모든 영향과 얽매임에 휘둘리지 않게 우리의 영혼을 지켜야 한다. 이것이 무엇보다 중요한 일이다. 세상과 친구들, 성공이나 역경, 우리 자신이나 타인과 관련된 현재와 과거, 미래의 어떤 것도, 심지어 우리의 죄까지도 지나치게 근심하며 우리를 괴롭힐 힘을 갖지 못하도록 해야 한다.

마치 우리 영혼이 이미 영원 안에서 육신을 떠난 것처럼, 우리가 이 세상을 떠나 오직 하느님과 함께할 때 어떻게 될 것인지를 생각해보자.

이제 우리는 더 이상 세상의 일들로 바쁘지 않다. 평화나 전쟁 , 맑은 하늘이나 궂은 날씨 같은 세상의 상태, 또는 이 세상에서 벌어지고 있는 무엇 때문에도 동요되지 않는다. 오로지 신의 사랑만이 존재하고, 그 사랑에 빠져 사랑으로 충만해질 뿐이다.

언젠가 그날이 올 테지만 지금 현재의 삶에서도 우리는 육신과 모든 피조물에서 벗어나 살아갈 수 있다.

할 수만 있다면, 언제나 맑은 시선으로 우리 영혼의 눈을

창조되지 않은 빛에 고정해야 한다.

그때 우리의 영혼은 지상의 어둠에서 정화되어 우리 안에 머무는 천사와도 같아진다. 우리는 더 이상 육신 때문에 시달리지도 않고 헛된 생각들로 어지러워지지도 않을 것이다.

유혹이나 박해, 모욕에 맞서 무장한 영혼은 역경 속에서든 성공 속에서든 변함없이 평화롭게 신을 향해 나아간다.

어려움과 실망, 혼란스런 마음이 공격을 해와도 인내를 잃거나 좌절하지 않는다. 말로 하는 기도나 다른 위안거리를 찾지 않고, 감각적 본성이 원하건 원치 않건 의지와 이성의 행위로 영혼을 고양시켜 신과 결합되도록 노력할 뿐이다.

깊은 믿음 안에서 영혼은 하느님과 하나가 되고 그분의 뜻에 자신의 뜻을 온전히 부합하게 애쓴다. 그렇게 간직된 영혼은 창조되기 이전만큼 피조물에 마음을 쓰지도 않고 그 때문에 유혹을 받지도 않는다. 그는 오직 하느님과 영혼 자신만이 존재하는 것처럼 살아간다.[1]

이제 영혼은 한결같은 평화 안에서 모든 것이 하느님 섭리의 손길이라는 사실을 받아들인다. 어떤 일이 일어나도 인내와 평화, 침묵을 잃지 않고 주 안에 희망을 둔다.

그러므로 영적인 삶을 살아갈 때 내적으로 하느님과 하나가 되고 그분을 닮기 위해 다른 모든 것들로부터 벗어나는 일이 얼마나 큰 의미를 갖는지를 그는 잊지 않는다.

이제 그 어떤 것도 영혼과 하느님 사이에 끼어들지 못한다. 이 방해물들은 어디에서 오는 것인가. 분명한 건 밖에서는 올 수 없다는 점이다. 자발적인 청빈 서약은 온갖 세속적인 가치들을 사라지게 했고, 정결 서약은 우리의 육신을 가져갔다. 그렇다고 안으로부터 오는 것도 아니다. 순명을 서약함으로써 우리의 의지와 영혼을 봉헌했기 때문이다. 이제 하느님과 우리 사이에 끼어들 수 있는 것은 아무것도 없다.

서원과 신분, 복장, 삭발 같은 수도 생활의 표지들은 당연히 수도자라는 걸 보여준다. 그러나 수도자 자신은 정말 수도자인지 이름만 수도자인지 생각해보아야 한다.

자신의 행동이 거룩한 신분에 합당하지 않았다면, 의지나 갈망으로 창조주보다 피조물에게 더 집착하거나 피조물을 창조주보다 우선했다면, 자신이 얼마나 타락했고 주 하느님과 그분의 정의를 거슬러 얼마나 많은 죄를 지었는지 돌아보아야 한다.

Part 2

그와 하나가 되는 길

그러므로 하늘의 너희 아버지께서 완전하신 것처럼
너희도 완전한 사람이 되어야 한다.
–마태 5,48

무엇보다 먼저
하느님을 관상해야 한다

창조주 하느님 외에 이 세상의 모든 것은 모두 그분의 손이 빚은 업적이다. 현실태와 가능태의 혼합인 모든 피조물은 본질적으로 유한하다. 피조물은 무nothingness로부터 생겨났고 무에 둘러싸여 있으며 무를 향한다.[1]

피조물은 필연적으로 자신의 실존과 존속, 작용 능력, 그리고 자신이 소유한 것까지 모든 것을 매순간 최고의 예술가인 신에게 의존한다.

존재하지 않는 것이 존재하는 것 앞에서, 유한한 것이 무한한 것 앞에서 그러하듯이 피조물은 자신을 위해서든 타인을 위해서든 자신의 일을 스스로 할 수 없다. 우리의 삶과 생각, 일은 오직 그분 안에 있다. 모든 것은 그를 위해 그에 의해 이루어지며 그를 향한 것이어야 한다. 하느님은 당신 뜻의 아주 작은 표지만으로도 지금 존재하는 어떤 것보다 더 완전한 피조물들을 만들어낼 수 있다.

정신이나 마음 안에서, 전능하신 창조주 하느님께 의지하는 생각이나 사랑보다 더 유익하고 완전하고 복된 것은 없다. 모든 것은 그의 것이고, 그 안에 있고, 그에 의해 이루어지며 그를 향한다.

하느님 자신에게나 다른 존재들에게나 오직 그만으로 충분하다. 그분은 영원으로부터 자신 안에 만물의 완전성을 지니고 있다. 그 안에는 그 아닌 것이 없다. 그 안에, 그에 의해 모든 덧없는 것들의 원인이 존재한다. 이성적인 것이든 비이성적인 것이든, 모든 변화하는 것들의 변치 않는 근원이 그 안에 있다.

시간 속에서 일어나는 모든 것의 영원한 원리가 그 안에 있다.

그는 모든 것을 충만하게 한다. 그는 만물 안에 자신의 본질로 존재한다. 만물이 스스로에게 그런 것보다 더 만물 속에 현존하고 더 만물에 가까이 있다.[2]

만물은 그 안에서 하나가 되어 영원히 산다(요한 1,3.4). 사실 우리는 이해력이 달리고 경험이 부족해서[3] 관상을 할 때 어쩔 수 없이 피조물을 이용하기도 한다. 하지만 누구에게나 가능한 풍요롭고 좋고 실제적인 관상이 있다. 피조물에 대해 묵상하든 창조주에 대해 묵상하든, 누구나 창조주, 하느님, 삼위일체 안에서 기쁨을 발견하는 순간에 이를 수 있다. 그 순간에 그는 자신이나 다른 이들에 대해 신성한 사랑의 불이 붙어 영원한 생명을 상급으로 얻게 된다.

여기서 한 가지 주목해야 할 것이 있다. 그리스도인들의 관상과 이교 철학자들이 하는 관상의 차이다. 이교 철학자들은 오직 자신의 완성만을 추구한다. 그래서 그들의 관상은 그들의 지성에만 영향을 미친다. 그들은 지식으로 자신의 정신을 풍요롭게 만들기만을 바란다. 하지만 성인들의 관상, 곧 그리스도인들이 하는 관상의 목적은 그들이 관상하는 하느님의 사랑에 있다. 이들의 관상은 지성을 위한 열매를 찾아내는 데 만족하지 않고, 의지까지 뚫고 들어가 사랑으로 그 의지에 불을 붙인다.

성인들은 관상을 통해 무엇보다 사랑이 커지기를 갈망한다.

은총 없이 육의 차원에서, 또는 심지어 그의 본질 안에서 그를 소유하는 것보다 은총을 통해 영적으로 예수 그리스도를 알고 소유하는 편이 더 낫다.

영혼이 순수해지고 침잠이 깊어질수록 내적인 시각은

더욱 분명해진다. 이제 그 영혼은 하느님을 관상하러 올라갈 사다리를 마련하게 되는 것이다. 이 관상은 천상적이고 신적이며 영원한 모든 것에 대한 사랑으로 불타게 하고, 유한한 모든 것을 순전히 헛된 것으로 여겨 무시할 수 있게 한다.

우리가 부정을 통해 하느님에 대한 지식을 알려고 할 때 우리는 먼저 그분에 대한 생각에서 육신과 감각, 상상에 속하는 것을 모두 제거해야 한다. 다음으로는 이성에 속하는 것들도 부정하고, 피조물들 안에서 나타나는 존재의 개념도 부정해야 한다.[4] 성 디오니시우스에 따르면, 이것이야말로 이 세상에서 하느님에 대한 앎을 얻기 위한 가장 좋은 방법이다.[5]

이것이 하느님이 그 안에 머무는 어둠이다. 모세는 신이 머무는 이 어둠 속으로 들어가서, 가까이 다가가기 어려운 빛에 이를 수 있었다(탈출 33,11; 민수 12,8; 히브 3,2).

하지만 우리는 정신이 아니라 몸으로 시작해야 한다. 익숙한 순서에 따라 행위의 수고에서 관상의 휴식으로, 도덕적 덕목들에서 최고의 관상으로 건너가야 하는 것이다.[6]

내 영혼아, 어째서 너는 수많은 일들에 헛되이 힘을 낭비하느냐? 그 속에서 너는 빈곤함밖에는 찾지 못할 것이다.

그 자체 안에 온갖 선을 포함하는 그 완전한 선만을 찾고 사랑하라. 그것으로 충분하다. 모든 것을 알고 소유하면서도 이것을 알지 못하는 이는 불행하다. 이 선과 다른 것들을 동시에 알아도 오직 이것만이 우리를 행복하게 해 줄 것이다. 그래서 성 요한은 "영원한 생명이란 당신을 아는 것"(요한 17,3)이라고 말했고, 예언자는 "당신 모습으로 흡족하리이다."(시편 17,15)라고 하였다.

우리와 하느님의 의지가 하나 된다는 것

신심의 은총과 감각적인 감미로움, 눈물을 지나치게 구하지 않아야 한다. 오직 영혼의 이성적인 부분 안에 있는 선한 의지로 하느님과 내적으로 결합되는 데만 주의를 기울일 일이다.[1]

창조된 것들의 흔적과 표상에서 온전히 자유로워진 영혼보다 창조주를 기쁘게 해주는 것은 없다. 진정한 수도자는 모든 피조물에서 자유롭기 때문에 오직 신에게만 헌신하며 신을 향해 나갈 수 있다. 주님이며 하느님이신 그리스도를 따를 수 있도록 자신을 버려야 한다. 그는 참으로 가난하고 순명했으며 정결하고 겸손하게 고통을 견뎌냈다. 복음이 분명히 보여주듯이 그의 삶과 죽음은 많은 이들에게 걸림돌이었다(마태 11,6; 13,57 등).

영혼이 육신을 벗어나면,[2] 자신이 떠난 그 껍질이 어떻게 되는지에 대해 걱정하지 않는다. 그 몸은 불태워지거나 교수형에 처해지거나 비난을 받을 수도 있다. 그러나 영혼은 이런 모욕에 괴로워하지 않으며,[3] 오직 복음에서 주님이 말씀하신 한 가지 필요한 것과 영원에 대해서만 생각한다(루카 10,42).

그러므로 마치 영혼이 이미 육신을 벗어난 것처럼 자신의 육신을 대해야 한다. 우리를 기다리는 하느님 안에서 영원한 삶을 언제나 눈앞에 두고, 주님이 말한 유일한 선을 생각하라. "필요한 것은 한 가지뿐이다."(루카 10, 42) 그러면 우리의 영혼에 많은 은총이 내릴 것이고, 이 은총이 정신의 순수와 단순한 마음을 얻게 해줄 것이다.

INRI

이 보물은 바로 우리의 문밖에 있다. 이 세상의 형상과 마음을 어지럽히는 잡념들로부터 돌아서면, 이 보물이 우리와 함께 있음을 깨닫게 된다. 그리고 방해나 장애 없이 신과 결합하는 것이 무엇인지를 알게 된다.

이제 흔들림 없는 항구함 속에 더 굳건해진 우리는 닥치는 모든 것을 견뎌내게 될 것이다.

순교자와 교부, 선택된 이들, 모든 복된 이들이 그러했다. 그들은 다른 모든 것을 경시하고 오로지 하느님 안에서 자신들의 영혼을 위해 영원한 안전을 누리는 것만을 생각했다.

그들은 내적으로 무장하고 선한 의지로 하느님과 결합했다. 마치 영혼이 이미 육신을 떠난 것처럼 이 세상의 모든 것을 경시했다. 그들을 보며 하느님과 결합한 선한 의지의 힘이 얼마나 강한지를 배워야 한다.

영혼과 하느님의 이 결합으로 영혼은 육신으로부터 영적으로 분리되며 외적인 인간을 자신과 동떨어진 것처럼 멀리하게 된다.

이제 마음속이나 육신에서 일어나는 모든 일이 마치 다른 사람이나 이성이 없는 피조물에게 일어난 것처럼 사소하게 여겨진다.

하느님과 결합된 사람은 오직 그분과 하나의 마음이 된다.

그는 그분의 지고한 영예를 생각하여, 사람들 앞에서 듣고 보기에 부끄러운 그 어떤 것도 그분 앞에서 생각하지도 상상하지도 않는다.

모든 생각을 오직 하느님을 향해 들어 높이고 오로지 그분만이 존재하는 것처럼 내면의 눈길 앞에 그분을 모셔야 한다. 마침내 하느님과 일치하는 감미로움이 찾아들고 장차 올 삶을 바로 여기에서 시작하게 된다.

유혹을 물리치고 시련을 견디는 방법

온 마음으로 하느님을 향해 가는 사람은 반드시 유혹과 시련을 겪게 된다.

유혹의 자극이 느껴질 때에는 결코 거기에 동조하지 말고, 인내와 부드러움, 겸손과 용기로 모든 것을 견뎌야 한다.

하느님을 모독하거나 수치스런 죄를 짓고 싶은 유혹이 일 때는 그런 생각을 완전히 무시하고 경멸하는 것이 최선이다. 신성모독은 분명히 죄스럽고 말도 안 되는 혐오스러운 일이다. 하지만 이런 유혹에 대해 걱정하기보다는 이를 무시하고 그로 인해 양심이 괴로워하지 않도록 하는 게 좋다. 원수들, 그리고 원수의 사주를 모두 무시하면 가장 확실하게 그것들을 물리칠 수 있다. 우리의 원수들은 너무 교만해서 모욕이나 무시를 견뎌내지 못한다. 그러므로 우리의 뜻을 거슬러 눈앞에서 춤추는 파리보다 더 신경을 쓰지 않는 것이 최선책이다. 그리스도의 종은 주의 현존에서 쓸데없이 쉽게 눈길을 떼지 않으며, 이 파리들에게 성급하게 짜증을 내거나 불평하거나 투덜대지 않는다. 여기서 파리는 가벼운 유혹과 의심, 슬픔, 우울함, 소심함을 뜻한다. 이것들은 영혼이 하느님을 향해 고양될 때 선한 의지로 물리칠 수 있는 사소한 것들이다.

인간은 선한 의지로 하느님을 스승으로 삼고, 거룩한 천사들을 인도자요 보호자로 삼을 수도 있다. 손으로 파리를 쫓아내듯 선한 의지로 유혹을 물리칠 수 있다.

그러므로 "선한 의지를 지닌 사람들에게 평화"(루카 2,14 참조)가 주어진다.

사실 하느님께 바치는 선물로 이 선한 의지보다 더 좋은 것은 없다.

영혼 안에 있는 선한 의지는 모든 선의 원천이며 모든 덕의 어머니이다. 선한 의지를 지닌 사람은 선한 삶에 필요한 모든 것을 안전하게 갖고 있으며, 이것들을 잃을까 두려워하지도 않는다.[1]

선을 갈망하면서도 실제로는 그것을 행하지 못할 수도 있다. 만약 그렇다면 하느님이 이미 우리가 그 선을 실행한 것처럼 보상을 해줄 것이다.[2]

하느님은 의지에 공로가 있다는 것을 변치 않는 법으로 세워두었다. 따라서 천국이나 지옥, 상급과 벌이 기다리는 우리의 미래는 결국 우리의 의지에 달려 있다.[3]

사랑은 바로 하느님을 섬기고자 하는 강한 의지에, 그를 기쁘게 해드리려는 사랑어린 갈망에, 그를 향유하고자 하는 뜨거운 열망에 있다.

그러므로 유혹은 죄가 아니며 오히려 덕을 시험하는 수단임을 잊지 말아야 한다. 그것은 유익을 얻는 길이다.[4] "인생은 땅 위에서 고역"(욥 7,1)이라는 점을 고려하면 더욱 그러하다.

하느님을 향한
사랑의 힘

지금까지 설명한 모든 것, 구원에 필요한 모든 것은 오직 사랑 안에서 가장 높고 가장 완전하고 가장 유익하게 완성된다.

사랑은 구원에 필요한 모든 것을 마련해준다. 사랑에는 모든 좋은 것이 풍부하게 담겨 있고, 우리가 갈망하는 지고의 대상도 사랑 안에 현존한다.

우리는 오로지 사랑을 통해서 하느님께 돌아간다. 사랑

을 통해 그와 비슷하게 변모하고 그와 결합한다. 이로써 우리는 그와 하나의 영이 되고, 그에 의해 그에게서, 지금은 은총 속에서 후에는 영광 속에서 우리의 모든 행복을 얻는다. 사랑하는 이를 온전히 완전하게 소유해서 안식을 누릴 때까지 사랑은 멈추지 않는다.

하느님은 애덕愛德[1]이라는 사랑의 길로 인간에게 오고 인간 역시 하느님께 가까이 다가간다. 애덕이 없는 곳에 하느님은 머물 수 없다. 오직 애덕이 있을 때 우리는 진정으로 하느님을 소유한다. "하느님은 사랑"(1요한 4,8)이기 때문이다.

사랑보다 민감하고 섬세하고 예리한 것은 없다. 사랑은 가장 깊은 곳까지 울리며 사랑하는 대상이 완전하게 되었음을 알 때까지 멈추지 않는다. 사랑은 자신이 사랑하는 이와 일치하고 가능하다면 그와 하나가 되기를 갈망한다. 그래서 사랑은 자신과 사랑하는 대상, 곧 하느님 사이에 어떤 것이 끼어드는 것을 견디지 못하며 그를 향

해 뛰어오른다. 모든 장애를 뛰어넘어 사랑하는 이에게 도달할 때까지 평화를 찾지 못한다.

사랑은 일치시키고 변화시키는 힘이 있다. 실제로 사랑은 사랑하는 이를 사랑받는 이로, 사랑받는 이를 사랑하는 이로 변화시킨다. 양편은 가능한 한 철저히 상대편이 된다.

먼저 지성을 살펴보자. 사랑은 사랑받는 이를 사랑하는 이 안으로 온전히 이동시켜 준다. 사랑하는 이와 사랑받는 이는 감미롭고 기쁘게 서로를 기억하며 산다. 그들은 사랑하는 대상에 관한 모든 것을 피상적이 아니라 내적으로 알고자 애쓰며, 최대한 그의 내적인 삶 안으로 들어가려 한다.

다음으로 의지에 대해 생각해 보자. 의지도 사랑받는 이를 사랑하는 이 안에 살게 해준다. 사랑받는 이는 실제로 자신이 느끼는 그 부드러운 애정과 감미롭고 깊은 기쁨을 통해 사랑하는 사람 안에 머문다. 한편, 사랑하는 이는 사랑받는 이의 갈망에 공감해주고, 그가 좋아하는 것과 싫어하는 것, 기쁨과 슬픔을 나눔으로써 사랑받는 이 안에 산다. 둘은 마침내 하나가 되는 것처럼 보인다. "사랑은 죽음처럼 강해"(아가 8,6 참조) 사랑하는 사람이 자신을 벗어나 사랑받는 사람의 마음속으로 들어가서 그곳의 수인이 되게 하는 것이다.

영혼은 그것이 생명을 부여하는 것보다 그것이 사랑하는 것에 진실로 머문다. 영혼이 자신의 본성과 이성, 의지로 사랑하는 대상 속에 존재하기 때문이다. 반면 육신 안에서는 육신이 동물인 피조물과 공유하는 실존을 부여함으로써만 생명을 준다.[2]

그러므로 우리를 외적인 대상으로부터 우리 영혼의 깊은 곳으로 이끌어 예수 그리스도와 내밀한 우정을 맺게 하는 것은 오직 하나이다. 그리스도에 대한 사랑과 그의 감미로움에 대한 갈망이 바로 그것이다. 이것만이 우리로 하여금 그분 신성의 현존을 느끼고 알고 체험하게 해 준다.

사랑의 힘만이 영혼을 지상에서 하느님께로 들어 올려 준다. 사랑과 갈망의 날개가 없으면 영원한 지복[3]에도 이르지 못한다.

사랑은 영혼의 생명이고, 혼인 예복이며 그 완성이다.[4]

율법과 예언서, 주님의 계명들도 모두 사랑에 기초하고 있다(마태 22,40). 사도도 로마인들에게 "사랑은 율법의 완성"(로마 13,10)이라고 썼고, 티모테오 1서에서는 "십계명의 목적은 사랑"(1티모 1,5)이라고도 했다.

우리가 할 수 있는 것은 기도뿐

우리에게는 사랑이나 다른 좋은 것을 스스로 얻어낼 능력이 전혀 없다. 우리가 만물의 창조자인 주님께 드릴 수 있는 것은 이미 모두 그분에게 있다.

우리가 할 수 있는 건 오직 한 가지뿐이다. 어떤 경우에든 주님이 말씀과 모범으로 가르쳐준 대로 기도하며 그를 향하는 일이다. 죄 있고 가난하고 비참한 인간으로서, 약하고 빈궁한 걸인으로서, 종속자이며 종으로서, 그러나 그의 자녀로서 그를 향해 가야 한다.

우리는 아주 빈곤하다. 우리 영혼 안에 사랑과 평화가 두려움과 뒤섞여 있을 때, 깊은 겸손으로 그분의 발아래 엎드리는 것 말고 우리가 무엇을 할 수 있겠는가?

우리가 기꺼이 진실하고 단순한 마음으로 조심스럽고 겸허하게 다가가면, 우리 가슴이 큰 갈망과 열정, 진정한 동경으로 타오를 수 있다. 사방에서 우리를 위협하는 위험들을 전적인 신뢰로 그분 앞에 내려놓고 하느님께 간청하자. 주저 없이 자유롭고 단순하게 우리 자신을 맡기고, 우리의 온 존재를 마지막 한 가닥까지 그에게 바치자. 사실 우리는 절대적으로 그분의 것이 아닌가?

우리 자신을 위해 아무것도 남겨두지 않으면, 사막교부들 가운데 한 사람인 복된 이사악의 말이 우리 안에서 실현될 것이다. 그는 이런 기도에 대해서 말했다. "하느님이 우리를 먼저 사랑하신 그 완전한 사랑이 우리 마음 가장 깊은 곳에 들어갈 때, 우리는 하느님과 하나가 되고, 그분은 우리 안에서 모든 것이 되실 것이다."[1]

하느님만이 우리의 모든 사랑과 갈망, 추구, 노력과 생각의 유일한 대상이 되고, 우리가 보고 말하고 바라는 모든 것이 될 때 이대로 실현될 것이다. 성부와 성자 사이에 존재하는 결합이 우리 정신과 영혼 안에도 실현되는 것이다.

우리에 대한 그분의 사랑은 순수하고 진실하며 한결같다. 우리도 변함없고 중단 없는 사랑을 그분께 돌려드려야 하지 않겠는가?

그분과 우리의 일치는 내밀한 것이어서 우리는 희망하고 생각하고 기도하며 하느님을 호흡하게 된다.[2] 참으로 영적인 사람은 사멸할 육신 안에 있을 때도 다가올 행복의 이미지를 간직하고, 여기 지상에서도 천국의 기쁨과 생명, 영광을 미리 맛보는 것을 자신의 모든 노력과 갈망의 목표로 삼아야 한다.

모든 완성의 목적은, 영혼이 모든 지상의 갈망에서 정화

되고 영적인 것들로 드높여져서 삶 전체와 마음의 갈망들이 하나의 중단 없는 기도를 이루는 것이다.

영혼이 이렇게 지상의 먼지를 털어내고 하느님을 열망할 때—참된 수도자는 언제나 그에게 주의를 기울이고 조금이라도 그와 멀어지는 것을 가장 잔혹한 죽음처럼 두려워해야 한다—평화가 내면을 지배하고 영혼이 정념의 속박에서 벗어나 굳은 결의로 최고선인 그를 향해 나아갈 때, 그 영혼 안에 "끊임없이 기도하십시오."(1테살 5,17) 그리고 "성을 내거나 말다툼을 하는 일 없이, 어디에서나 거룩한 손을 들어 기도하기를 바랍니다."(1티모 2,8)라고 한 사도의 말씀이 이루어진다.

영혼의 순수가 감각적인 것들에 이끌리는 타고난 본성을 이기게 되면, 모든 지상의 욕망이 사라지고 영혼이 천사들의 순수한 영을 닮게 되면, 우리가 받아들이고 떠맡고 행하는 모든 것이 순수하고 참된 기도가 된다.

그러니 충실하게 꾸준히 노력해야 한다. 그러면 내가 처음부터 말한 바와 같이, 하느님을 관상하고 그 안에서 깊이 기뻐하는 것이 순전히 본성에 따라 사는 것만큼 단순하고 쉬워질 것이다.

모든 판단은
양심의 소리에 따른다

영적 완성에 큰 도움이 되고 영혼의 순수함을 얻게 하며 하느님 안에서 고요히 쉬게 해주는 또 다른 훈련이 있다. 사람들이 우리에 대해 무슨 말을 하고 무슨 생각을 하든, 그것을 우리 양심의 심판대 앞에 세우는 것이다. 내면으로 들어가 다른 것에는 귀를 막고 오로지 진리를 찾는 것이다.

진리에 비추어 볼 때, 자신에게 잘못이 있고 벌 받아 마땅하다는 것을 알게 되면 사람들의 칭찬이나 존경이 아무 이득을 주지 못한다는 것도 알게 된다. 우리 안의 양심이 내면에서 우리를 고발한다면 외적으로 사람들에게 칭찬을 받는 것은 아무 소용이 없다. 마찬가지로 만일 내적으로 아무 잘못이 없어서 비난이나 모욕으로부터 자유롭다면, 사람들이 우리를 멸시하고 비난하고 박해해도 우리는 전혀 손실을 입지 않는다. 오히려 인내와 침묵, 평화 가운데 주님 안에서 기뻐할 이유를 갖게 된다.

죄가 지배하지 못하는 곳에서는 역경도 해를 가할 힘을 갖지 못한다. 벌을 받지 않는 악이 없듯이, 선이 갚음을 받지 않는 일도 없다.

그러므로 위선자들과 함께 사람들로부터 보상과 영예를 얻으려 하지 말고, 지금이 아니라 후에 하느님의 손으로부터 잠시가 아니라 영원한 갚음을 찾아야 한다.

어떤 시련과 사건이 닥치든, 그저 자기 영혼의 성전 안으로 들어가 주님이신 예수 그리스도를 찾으라. 그는 유혹

과 고통 속에서 우리를 돕는다. 자신을 낮추고 죄를 고백하며 아버지 하느님을 찬양하라. 그분은 우리를 꾸짖기도 하고 위로하기도 하신다.

하느님의 어김없는 섭리와 놀라운 지혜로부터 우리와 다른 이들에게 일어나는 행복과 역경을 흔들림 없는 평화와 신뢰 속에서 기꺼이 받아들이면, 우리는 죄의 사함을 얻게 된다.[1] 은총과 자비로 우리의 영혼에서 괴로움이 사라지고 감미로운 신뢰가 영혼에 흘러들 것이다. 달콤한 친근함이 우리를 끌어당겨 힘을 불어넣어주고, 하느님의 품으로부터 많은 위로가 흘러들 것이다. 우리는 그와 결합되어 떼려야 뗄 수 없는 하나가 된다.

다만 바리사이들처럼 자신이 스스로 알고 있는 것보다 더 거룩하게 보이려고 애쓰는 위선자들을 흉내 내지 않도록 조심해야 한다. 내면은 수치스럽고 무거운 죄로 가득하면서 자신과 다른 사람들에게 인간적인 칭찬과 영광을 바라고 갈망하는 것은 정말 어리석은 일이 아닌가?

이런 허영을 좇는 사람들은 우리가 지금 말한 좋은 것들을 누릴 희망이 없다. 틀림없이 수치가 그의 운명이 될 것이다.

자신의 하찮음과 죄를 늘 눈앞에 두고 자신을 알도록 애써야 한다. 그래야 겸손을 잃지 않고 성장할 수 있다.

당신의 무거운 죄와 잘못으로 인하여 온 세상이 당신을 천하고 혐오스런 진흙과 같이 여겨도 피하지 말아야 한다. 오히려 사람들 사이에서 당신 자신을 금에 섞인 납 찌꺼기처럼, 밀에 섞인 가라지처럼, 곡식들 사이의 지푸라기처럼, 양들 사이의 늑대처럼, 하느님의 자녀들 사이의 사탄처럼 여기라.

다른 이들에게 존경받기를 갈망하거나, 누군가가 당신을 선호하기를 바라지도 말아야 한다. 오히려 마음과 영혼의 힘을 다하여 그 해로운 독을, 칭찬이라는 독물을 피하고 과시와 허영 위에 세워진 명성에서 벗어나야 한다.

예언자가 말하듯이 "악인은 제 탐욕을 뽐낸다."(시편 10,3)

이사야서에서는 "그들은 너를 복되다 하고, 수치가 너를 속이며 너희가 걸어야 할 길을 혼란하게 하는구나."(이사 3,12)[2]라고 말하고, 주 예수님도 "모든 사람이 너희를 좋게 말하면, 너희는 불행하다!"(루카 6,26)라고 하였다.

먼저
자신을 낮추고 버려라

자신의 비참함을 확실히 알수록 사람은 하느님의 위엄을 더 온전하고 분명히 보게 된다. 하느님과 진리와 정의를 위해 자신을 보잘것없게 여길수록, 하느님이 보시기에 그는 더 귀하다.

진심으로 자신을 하찮게 여겨, 어떤 은혜도 받을 자격이 없는 자신이 스스로도 마음에 들지 않지만 오직 하느님의 마음에 들 뿐이라고 여겨야 한다. 당연히 다른 이들이 우리를 천하고 비열한 존재라고 여기기를 갈망해야 한다.

시련과 고통, 모욕 속에서도 괴로워하지 않는 법을 배우라. 자신에게 그런 일을 하는 이들에게 분노하지도 말고, 원한을 품지도 말라. 오히려 진심으로 자신이 그런 모욕과 경멸, 학대와 조롱을 받아 마땅하다고 믿어야 한다.

사실 하느님을 위해 슬픔과 죄책감으로 가득 차 있는 사람은 다른 사람들에게 사랑받거나 존경받는 것을 두려워한다. 그는 미움의 대상이 되는 것을 거부하지 않고, 살아있는 동안 짓밟히거나 멸시당하는 것도 피하지 않는다. 진정한 겸허를 배워 순수한 마음으로 하느님에게 다가가기 위해서이다.

하느님만을 사랑하고, 자신을 무엇보다 미워하며, 다른 이들의 눈에 하찮은 존재로 보이기를 갈망하는 건 외적인 노고나 육신의 건강을 요구하지 않는다. 필요한 것은 오직 감각을 멈추는 일과 마음의 노력, 정신의 침묵이다.

영혼의 내적인 열망에 타올라 마음으로 힘쓸 때 우리는

이 세상의 하찮은 것들을 버리고 천상의 신적인 것들을 향해 올라가는 법을 익힐 수 있다.

그러므로 하느님 안으로 변모하기를 바란다면, 진심으로 더 빨리 그렇게 되기를 바란다면, 지상의 기쁨들을 얻고 사람들에게 존경과 칭송을 받거나 덧없는 이 세상의 이로움과 행복을 누리기보다 오히려 모두에게 비난을 받고 추문거리로 여겨지기를 바라야 한다.

썩어 없어질 육신에 묶여 있는 지상의 삶에서는 어떤 갈망이나 위로도 구하지 않고, 오직 끊임없이 자신의 잘못과 결함에 대해 울고 회개하고 혐오하라.

자신을 낮추고 버리면서, 매일 다른 이들의 눈에 더 하찮게 보이도록 애써야 한다.

오직 하느님의 마음에 들고 그분만을 사랑하며 그분에게 매달리기 위하여, 자신의 눈에는 점점 더 쓸모없게 여겨지도록 노력한다.

주 예수 그리스도 외에는 어떤 것에도 신경 쓰지 마라. 오직 그만이 우리의 감정을 지배해야 한다. 그 외에는 아무것도 걱정하거나 신경 쓸 필요가 없다. 그의 능력과 섭리가 모든 것을 움직이고 존재하게 하기 때문이다.[1]

지금은 기뻐할 때가 아니라 온 마음으로 진심을 다해 탄식할 때이다.

지금 울 수 없다면, 적어도 흘릴 눈물이 없음을 슬퍼해야 한다. 할 수 있다면 우리의 무거운 잘못과 많은 죄들에 대해 더 많이 슬퍼해야 한다. 우리 자신이 우리 슬픔의 원인이다. 사형선고를 받은 사람은 사형집행인의 상태를 걱정하지 않는다. 마찬가지로 탄식하며 참회의 눈물을 흘리는 사람은 즐거움이나 분노, 허영심, 노여움 같은 모든 정념들을 멀리한다.

시민과 범죄자는 같은 거처에 살지 않는다. 탄식하고 울며 회개해야 할 잘못을 저지른 이들과 결백해서 속죄할 일이 없는 이들의 삶과 행동 역시 전혀 다르다.

그렇지 않다면, 커다란 죄를 저지른 죄인이나 무죄한 이들이 벌과 속죄에서 어떤 차이가 있겠는가? 만일 그렇다면, 죄를 짓지 않는 것보다 사악한 죄가 더 자유로울 수도 있다. 그러니 모든 것을 포기하고, 모든 것을 경시하고, 모든 것에서 자신을 떼어놓음으로써 진정한 참회를 위해 단단한 토대를 놓아야 한다.

진심으로 예수 그리스도를 사랑하고 그를 위해 슬퍼하는 사람, 자신의 마음과 몸 안에 그를 간직하는 사람은 다른 어떤 것도 생각하거나 걱정하거나 염려하지 않는다. 그런 사람은 진심으로 자신의 죄와 잘못을 한탄하고, 영원한 행복을 갈망하며, 심판을 기억하고 두려움 속에서 자신의 마지막을 생각한다. 그는 고통이 없는 그 복된 상태에 빨리 도달해 하느님께 가게 되기를 바라며, 자신이 비난이나 무시를 당하지 않은 날을 잃어버린 날로 여긴다.

그 고통 없는 상태는 악습과 정념에서 벗어나 순수한 마음을 얻고 덕을 일구어 꾸며진 것이 아니고 무엇이겠는가?

우리는 언젠가 죽으리니, 자신을 이미 죽은 것으로 여겨야 한다.

이제 한 마디만 더 보태겠다. 자신의 생각과 말과 행위를 이것으로 시험해 보라. 자신의 생각과 말과 행위가 우리를 더 겸손하게 하고 하느님 안에 더 깊이 머물게 하며 더 평온하고 강하게 한다면, 이것은 모두 하느님에 따른 것이다. 하지만 그렇지 않다면, 하느님에 따른 것, 그분의 뜻에 합당한 것, 자신에게 이로운 것이 아닐 수도 있음을 두려운 마음으로 돌아보아야 한다.

모든 것을 보살피고 있다

앞에서 이야기한 것처럼 어떤 방해나 장애 없이 하느님을 향해 자유롭고 평화롭게 다가가기를 원하는가? 좋을 때나 나쁠 때나 살아서나 죽어서나 끊임없이 이어지는 친밀한 결합으로 그와 일치하고 그에게 이끌리기를 갈망하는가? 그렇다면 깊은 신뢰로 하느님의 확실하고 틀림없는 섭리[1]의 손에 모든 것을 지체 없이 맡겨야 한다.

모든 피조물에게 먼저 그들의 존재와 능력, 움직임을 부여하고, 다음으로 그들의 종種과 본성을 결정하고, 그들의 수와 무게, 크기에 질서를 정해준 그분을 신뢰하는 것은 지극히 당연한 일이 아닌가?

본성Nature의 작용이 기예Art를 가능하게 하듯, 본성은 창조하고 보존하고 조직하고 통치하는 하느님의 활동으로 인해 생겨난다.

무한한 능력과 지혜, 선함과 본질적인 자비, 정의와 진리와 사랑, 변함없는 영원성, 광대함이 모두 오로지 그분의 것이다. 그 어떤 것도 스스로의 힘으로 존재하고 행위할 수 없다. 모든 피조물은 필연적으로 제일원동자이자 제일원리, 모든 행위의 근원인 하느님의 능력으로 행위할 수 있다. 그는 활동하는 모든 존재 안에서 행위한다.

우주의 질서 있는 조화를 살펴보면, 만물은 가장 작은 부분까지 하느님의 섭리에 따라 배열되어 있다.

무한히 큰 것에서부터 무한히 작은 것까지, 어느 것도 하느님의 영원한 섭리를 벗어날 수 없다. 자유의지에 의한 행위에서든, 우연이나 운명이라고 여기는 일들에서든, 하느님이 계획한 일들에서든, 어떤 것도 그의 지배를 벗어날 수 없다. 하느님이 창조하는 것은 모두 그의 섭리에 지배받고, 그의 행위에 영향을 받는다. 하느님의 섭리는 만물에 비치고 인간의 생각에까지 미친다.

이것은 성경의 가르침이기도 하다. 사도 베드로도 서간에서 "여러분의 모든 걱정을 그분께 내맡기십시오. 그분께서 여러분을 돌보고 계십니다."(1베드 5,7)라고 말하고 있다.

또한 예언자는 "네 근심을 주님께 맡겨라. 그분께서 너를 붙들어주시리라."(시편 54,23)라고 말하고, 집회서에서는 "지난 세대를 살펴보아라. 누가 주님을 믿고서 부끄러운 일을 당한 적이 있느냐? 누가 그분을 경외하면서 지내다가 버림받은 적이 있느냐?"(집회 2,10)라고 하였다. 주님도 이렇게 말했다. "너희는 '무엇을 먹을까?' 하며 걱정하지 마라"(마태 6,31). 우리가 하느님께 바라는 것은, 아무리 큰 것이라 해도 틀림없이 모두 얻을 것이다. 신명기에서도 이렇게 약속했다. "너희 발바닥이 밟는 곳은 모두 너희 것이 될 것이다"(신명 11,24). 우리는 바라는 만큼 받을 것이며, 우리가 신뢰의 발로 밟는 곳은 모두 우리 차지가 될 것이다.

성 베르나르두스St. Bernardus Clairvaux는 이렇게 말했다. "만물의 창조주이신 하느님은 자비와 연민이 가득하시어, 우리가 어떤 은총을 구하며 손을 내뻗든지 우리는 분명 그것을 받게 된다."[2]

마르코 복음서에는 이렇게 기록되어 있다. "너희가 기도하며 청하는 것이 무엇이든 그것을 이미 받은 줄로 믿어라. 그러면 너희에게 그대로 이루어질 것이다."(마르 11,24)

하느님에 대한 신뢰가 크고 꾸준할수록, 깊은 경외심으로 진실하게 그를 향할수록, 바라고 청하는 것을 더 풍부하고 확실하게 받을 것이다.

자신의 죄가 많고 커서 하느님에 대한 신뢰가 약해지고 무력감이 드는 사람이 있을 수 있다. 그러나 하느님은 무엇이든 할 수 있다. 그분이 뜻하는 것은 반드시 이루어지며, 그분이 뜻하지 않은 것은 일어날 수 없다는 것을 기억해야 한다. 그분은 가증스러운 무수한 죄들도 마치 하나의 죄처럼 쉽게 용서하고 지워버릴 수 있다.

반면 죄인에게는 단 하나의 죄에서 벗어나는 것도 많은 죄를 떨치고 일어나 자신을 정화하는 것만큼이나 불가능한 일이다. 우리는 스스로 이렇게 할 수 없을 뿐만 아니라, 무엇이 올바른지 생각할 수도 없기 때문이다(2코린 3,5). 모든 것은 하느님으로부터 우리에게 주어진다. 그러나 다른 모든 조건이 동일하다면, 많은 죄에 매여 있는 것이 단 하나의 죄에 매여 있는 것보다 훨씬 더 위험하다.

모든 악은 벌을 받을 것이며, 모든 사죄는 엄격한 정의에 따라 무한한 벌을 받아야 한다. 사죄는 하느님을 거스르는 죄이고, 무한한 위대함과 존엄과 영광이 그분의 것이기 때문이다.

사도에 따르면 "주님께서는 당신의 사람들을 아신다."(2티모 2,19) 그러므로 오류의 폭풍과 파도가 아무리 강하게 몰아치고 추문과 분열과 박해가 아무리 거세어도, 역경과 불화와 이단과 시련, 온갖 종류의 위험이 아무리 강하더라도, 그들 가운데 한 명이라도 멸망할 수 없다.

선택된 이들의 수와 그들이 누릴 혜택의 크기는 영원히 변치 않게 예정되어 있다. 그들이나 다른 이들에게 일어날 수 있는 모든 선과 악, 모든 번영과 역경은 오직 그들에게 이익이 될 뿐이다.

역경은 그들을 더욱 영광스럽게 하고, 그들의 충실함을 더욱 확실히 입증한다.

그러므로 지체하지 말고, 두려움 없이 모든 것을 하느님의 섭리에 맡겨야 한다. 모든 악도 그분의 허락으로 어떤 선한 목적을 위해 일어난다. 그가 허락하지 않는다면 그것은 일어날 수 없다. 그 형태와 크기도, 자신의 지혜로 모든 것을 선으로 돌려놓을 수 있는 분이 허락한 것이다.

그의 행위로 모든 선이 이루어지듯이, 그의 허락으로 모든 악이 일어나는 것이다.[3]

그분은 악으로부터 선을 끌어내시고 이로써 주 예수 그리스도를 통해서 자신의 능력과 지혜, 인자함을 드러낸다. 이렇게 그분은 자신의 자비와 정의, 은총의 힘, 본성의 약함, 우주의 아름다움을 드러낸다. 그분은 대조를 통해 선한 이들의 영광과 악한 이들의 악의와 처벌을 보여준다.

마찬가지로, 죄인의 회개에서 우리는 한편으로는 깊은 뉘우침과 고백, 속죄를 보고, 다른 한편으로는 하느님의 자비와 사랑, 영광과 선함을 볼 수 있다.

하지만 죄를 짓는 사람에게 그 죄가 늘 선이 되는 것은 아니다. 그것은 보통 가장 큰 위험이 되고 가장 나쁜 불행이 된다. 죄가 은총과 영광을 잃게 만들기 때문이다. 죄는 영혼을 더럽히고 꾸짖음과 심지어는 영원한 벌까지 받게 만든다. 그처럼 큰 악으로부터 우리 주 예수님이 우리를 안전하게 지켜주기를! 아멘.

후주(後註)

지상에서 도달할 수 있는 최고의 완전함

1. 천국에 이르기 전, 현세에서 사는 동안을 뜻한다. 이 시기에 영혼은 육신과 결합되어 있고, 천국에서와 같이 완전하게 하느님과 하나가 되지는 못한다. (譯註)

2. 알베르투스가 말하는 것은 그리스도인의 완전함에 일반적으로 해당되지만, 그는 여기에서 특별히 수도자의 완전함에 대해 말하고 있다.

3. 영원한 생명을 잃게 하는 중대한 죄를 뜻한다. (譯註)

4. 여기에서 그는 모든 그리스도인들의 의무에 대해 말한다.

5. '복음적 권고'라고 일컬어지는 청빈, 정결, 순명을 가리킨다. (譯註)

6. 수도자들은 본래는 권고인 것을 의무로 준수할 것을 약속한다. 그러므로 그들에게는 권고의 실천이 의무가 된다.

7. 수도서원의 직접적 목적은 완전함에 장애가 되는 것을 제거하는 데 있지만, 서원 자체가 완전성을 구성하는 것은 아니다. 완전성은 사랑에 있다. 알베르투스 마그누스는 한 가지 서원에 대해서만 말하는데, 이는 그의 시대에 서원 양식에서 순명 서원만을 언급했고 그것이 다른 두 가지 서원을 포함하기 때문이다.

모든 것을 내려놓고 그에게 맡긴다

1. 알베르투스 마그누스와 다른 신비주의자들이 우리에게 피조물들에 마음을 두지 말라고 경고할 때, 이것은 피조물들 그 자체를 위하여 그것에 대하여 갖는 관심에 대해 말하는 것이다. 이는 우리가 하느님을 위해서도 결코 그것들에 관심을 갖지 말아야 한다는 뜻이 아니다. 이 위대한 학자는 이 책의 뒷부분에서 이에 관하여 분명하게 설명한다.

2. 과거에는 교회에 속하고 세상과 분리된다는 의미로 성직에 입문하는 이들이 머리의 가운데 부분을 삭발했다. (譯註)

현세에서 완전함에 이르는 법

1. "관상 기도는 기도의 신비를 단순하게 나타내는 기도이다. 관상 기도는 예수님께 신앙의 눈길을 고정시켜, 하느님의 말씀을 경

청하고, 말없이 우리 사랑을 나타내는 기도이다. 관상 기도를 통해 우리가 그리스도의 신비에 참여하는 만큼, 그리스도의 기도와 합쳐지게 된다."(《가톨릭교회교리서》, 2724항) (譯註)

2. 알베르투스 마그누스는 여기에서 우리가 하느님과 피조물에게 똑같이 몰두하는 것을 가정하는데, 그렇게 하는 것은 그릇된 일이다. 그러나 그 피조물들이 하느님께 종속되어 있다면 그것은 덕이 될 것이다.

3. 이는 하느님이 모든 창조된 활동들의 주되고 가장 높은 목적이 됨을 뜻하는 것으로 이해해야 한다.

4. 창세 1,26에서는 하느님이 당신과 비슷하게, 당신의 모습으로 사람을 만드셨다고 말한다. 아우구스티누스를 비롯한 중세의 학자들은 여기에서 말하는 것과 같은 인간의 능력들이 인간이 하느님을 닮았음을 보여준다고 설명했다. (譯註)

5. 인간 안에서 하느님의 완전한 모상은 단순히 우리가 하느님을 닮은 이 기능들을 지니고 있는 것으로 완성되지 않고, 우리의 능력으로 가능한 한에서 믿음과 사랑으로 그분께서 행하시듯이 행하는 것으로써 이루어진다. 그분께서 당신을 아시듯이 그분을 알고, 그분께서 당신을 사랑하시듯이 그분을 사랑해야 하는 것이다.

6. 스콜라 신학에서 '형상'은 어떤 것에 우유적 또는 실체적인 존재를 부여하는 것을 지칭하여 사용된다. 하느님은 영혼의 '우유적 형상'이다. 그분은 영혼에게 그 활동을 주실 때에, 성화 은총을 통

하여 당신 자신의 활동을 주시기 때문이다. 그러나 더 정확히 말한다면 하느님 역시 영혼의 '형상'이라고 말할 수 있다. 영혼은 섭리의 통상적인 작용으로 성화 은총을 통하여 하느님의 존재에 참여하게 되어, 피조물로서이지만 실제적으로 신적 본질에 참여하게 되어 있기 때문이다.

감각이 아닌 이성으로 노력하라

1. 우리는 이들이 우리를 하느님에게서 떼어놓는 한에서는 이들을 멀리해야 하지만, 하느님 안에서, 그리고 하느님을 위해서 이들을 바라본다면 이들은 우리를 하느님께 더 가까이 이끌어줄 수 있다.

2. 인간이 실제로 여기에 도달하는 것은 지성과 의지를 통해서이지만, 감각 기관의 사용은 이에 전제된다.

3. 감각 기능을 도구로 사용한다면 그것은 흔히 우리를 하느님께 가까이 가도록 도와줄 수 있지만, 그것을 목적으로 여긴다면 그 활동이 우리에게 장애가 된다.

4. 정념(passion)은 어떤 대상을 "선하거나 악한 것으로 느끼고 상상한 것을 행하거나 행하지 않게 하는, 한쪽으로 기우는 정서나 감수성의 움직임을 가리킨다."(《가톨릭교회교리서》, 1763항) 주요한 정념에는 사랑, 증오, 갈망, 두려움, 기쁨, 슬픔, 분노가 있다. (譯註)

5. 이 가르침은 철학자가 표현한 "Homo sedendo fit sapiens (인간은 평온하게 있을 때에 지혜롭게 된다)"라는 공리를 그리스도교

적으로 표현한 것이다.

가장 중요한 것은 순수한 마음이다

1. 이는 특히 수도자들에게 해당된다.

2. 이 말은 성경은 신앙의 기초로서 언제나 전제되는 것이지만 그 자체로서는 하느님에 대한 객관적 지식을 줄 뿐이며, 성령은 체험적 지식을 준다는 의미이다.

3. 하느님은 당신의 본성에 의하여 당신 자신을 알고 사랑하시지만, 우리는 은총에 의하여 그분 안에서 그분을 알고 사랑한다.

4. 이 책의 가르침에서 매우 두드러진 특징 한 가지는, 먼저 영혼과 기능들의 완전성을 요구하고 그 다음에 행위의 완전성으로 나아간다는 것이다. 일부 현대의 저자들은 결의론에 머물면서 거의 행위의 완전성에 대해서만 말하는데, 그 방법은 덜 논리적이고 불충분하다.

하느님의 마음을 얻고 가까이 다가가는 길

1. 인간의 외적 능력은 상상과 정념이다. 내적 능력은 지성과 의지인데, 이들은 때로는 감각적인 신심의 도움을 전혀 받지 못하게 되기도 한다.

2. 우리에 대한 하느님의 모든 계획은 자비로 충만하며, 특히 우리의 성화를 지향한다. 이 계획을 가로막는 것은 오직 우리의 나쁜

정념들에서 나온다.

신을 향해 오르는 일은 자기 안으로 들어가는 것

1. 이 책의 저자는 불확실하다. 자크 폴 미뉴(Jacques Paul Migne)의 《라틴 교부선집Patrologia Latina》 제60권 779쪽에는 아우구스티누스의 저술들 뒤에 언급되어 있다.

2. 이 어둠은 아무것도 듣지 못하는 상상의 침묵이고, 실제로는 지성이 밝아져 신성 자체에 대해 우리가 아무것도 이해하지 못하며 우리가 할 수 있는 최선은 우리의 하느님 개념에서 피조물 안에서 관찰할 수 있는 모든 한계를 제거하는 것뿐임을 이해하게 될 때 그 지성이 이르게 되는 침묵이다. 우리가 신성 자체를 알 수 없는 이유는, 우리는 본성적으로 우리가 피조물들 안에서 볼 수 있는 것들을 통해서만 하느님을 알 수 있는데, 이들은 창조주에 대해 적절한 개념을 갖게 하기에는 전혀 불충분하기 때문이다.

3. 창조되지 않은 선인 하느님을 잃어버리는 것은 오직 창조된 선에 불법적으로 집착하기 때문이다. 우리가 이러한 집착에서 자유롭다면 우리는 애쓰지 않고도 그분께로 향할 것이다.

4. 이후에 이 학설이 미겔 드 몰리노스(Miguel de Molinos)가 주장한 형태로 1687년에 단죄된 것을 13세기에 알베르투스 마그누스가 예견할 수는 없었다.

어떤 일이든 자신을 내맡기라

1. 영혼이 이렇게 하는 것은, 피조물들은 하느님을 위해서가 아니라면 그 영혼의 관심을 끌지 않기 때문이다.

무엇보다 먼저 하느님을 관상해야 한다

1. 참된 철학에 따르면, 어떤 사물의 본질은 그 실존과 구별되기 때문이다.

2. 모든 현실적인 원인은 작용 그 자체보다 더 그 실행된 작용에 내밀하게 현존한다. 그것은 필연적으로 실행된 작용에 선행한다.

3. 우리는 신적인 사물들을 언제나 경험할 수 없다. 처음에는 그것들을 우리가 이 세상에서 경험하는 것들에 비유할 수 있을 뿐이다.

4. 우리는 하느님 안에 가능태 내지 불완전이 있다는 것을 부정한다. 우리는 그분 안에 이성의 기능의 고유한 활동인 추론의 과정도 없다고 본다. 추론은 진리의 직관이 없다는 것을 내포하기 때문이다. 우리는 '피조물들 안에서 나타나는 존재'를 부정한다. 피조물들 안에서 존재는 제한되며 우연에 종속되기 때문이다.

5. 《신명론》, i.

6. 이 중요한 가르침에 관하여, 알베르투스 마그누스의 제자인 성 토마스(St. Thomas)의 말을 인용할 수 있을 것이다. "어떤 것이 관상 생활에 속한다는 말은 두 가지 의미를 가질 수 있다. 그 본질

적인 부분으로서 속할 수도 있고, 예비적 태세로서 속할 수도 있는 것이다. 도덕적 덕들은 관상의 본질에 속하지 않는다. 관상의 유일한 목적은 진리를 관상하는 것이다. ……그러나 이들은 필수적 태세로서 관상에 속한다. ……이들은 정념과 시끄러운 외적인 염려를 가라앉히고 그럼으로써 관상을 용이하게 하기 때문이다."(성 토마스, 《신학대전》, II-II, q.180, a.2) 스콜라 학자들의 신비적 저술들을 읽을 때에는 이 구별을 잊지 말아야 한다.

우리와 하느님의 의지가 하나 된다는 것

1. 이 훌륭한 가르침은 근대에 신심의 세계로 흘러든 피상적이고 감각적인 책들과 개념들을 단죄한다. 이들은 영혼에서 더 온전한 생각들을 밀어내고, 의심스럽고 해롭고 감상적인 것들로 영혼을 가득 채웠다.

2. 영혼과 육신이 분리되는 것이 죽음이다. (譯註)

3. 이것은 'Perinde ac cadaver(시체 같은)'이라는 유명한 격언의 의미를 잘 표현해준다.

유혹을 물리치고 시련을 견디는 방법

1. 복음의 가르침 가운데 이보다 더 편안한 것은 없을 것이다.

예수님이 태어나실 때 천사들은 선한 의지를 지닌 사람들에게 평화가 있다고 노래한다(루카 2,14). 후에 그분은, 당신의 양식은 아버지의 뜻을 행하는 것이라고 선언하신다(요한 4,34). 그분은 자신의 뜻이 아니라 그분을 보내신 분의 뜻을 찾는다(요한 5,30). 그분은 그 뜻을 이루기 위해서 하늘로부터 내려오셨다(요한 6,38). 죽음을 앞두고 그분은 다시 자신의 뜻이 아니라 아버지의 뜻이 이루어지기를 기도하신다(마태 26,39; 루카 22,42). 복음서에서는 거듭해서 그분이 같은 말씀을 하시는 것을 볼 수 있다.

그분은 당신 제자들도 그렇게 하기를 바라신다. 그분은 우리에게, "나의 아버지, 나의 아버지"라고 되풀이해서 말하는 사람이 하늘나라에 들어가는 것이 아니라고 말씀하시고(마태 7,21; 로마 2,13; 야고 1,22), 우리에게 알려주신 기도에서 하느님께 영광을 드리고 우리 영혼을 성화하기 위한 수단으로써 그 뜻이 이루어지기를 청하라고 명하신다(마태 6,10).

마지막으로, 그분은 우리가 이 지고한 뜻을 따른다면 그분의 형제들이 되리라고 말씀하신다(마태 12,50; 마르 3,35).

경건한 사람이든 그렇지 않은 사람이든, 어떤 사람이 감정을 참된 사랑과 혼동하면서 스스로 하느님을 사랑하는지 자문하거나, 또는 그들이 언제나 그분을 사랑할 수 있을 것인지 자문한다면, 우리는 그들에게 다른 말로 같은 대답을 되풀이할 뿐이다. 그들은 하느님의 뜻을 행하고 있는가? 그것을 행할 수 있는가? 다시 말하면, 그들은 하느님을 위하여 자신들의 의무를 다할 수 있는가? 이렇게 물으면 문제는 저절로 풀린다.

이렇게 주장하는 이유는 매우 단순하다. 어떤 사람을 사랑한다는 것은 그의 선을 바라는 것이다. 하느님의 경우에 그것은 우리에 대한 하느님의 은혜로운 뜻을 갈망하는 것이다. 우리 주님이시며 스승이신 분은 제자들에게 "내가 너희에게 명령하는 것을 실천하면 너희는 나의 친구가 된다."(요한 15,14)는 말씀으로 이 원리를 상기시키셨다.

2. 같은 원리에 따라, 우리는 우리가 수행하고자 하지만 완수하지 못하는 선에 대하여 그 공로를 가지며, 또한 우리가 하려고 하지만 행하지 못한 악에 대한 탓을 갖는다는 원리가 참되다는 것을 확고하게 견지해야 한다. 이는 논란의 여지가 없으면서도 자주 잊히는 원리이다.

3. 천국 또는 지옥이라는 우리의 미래가 의지에 달려 있는 것은, 하느님을 안다면 의지는 사랑으로 그분께 결합되거나 완고함으로 그분을 미워하게 되기 때문이다.

4. 여기에는 특히 세 가지 유익이 있다. 첫째로, 유혹은 갈등을 일으키고 그래서 덕을 강화한다. 그리고 유혹에 의하여 공격받은 덕을 고수하게 하여, 더욱 완전해지게 한다. 마지막으로, 갈등과 선을 고수하는 것에는 덕스럽고 그래서 공로가 되는 행위들이 무수히 수반된다. 그러므로 우리는 자세에 있어서나 행위들에 있어서나, 유혹으로부터 유익을 얻을 수 있다.

하느님을 향한 사랑의 힘

1. 애덕(caritas)은 성령에 의하여 불러일으켜지는 초자연적 사랑으로, 하느님으로부터 오는 것이고 일차적으로는 하느님을 향하는 사랑이다. 피조물도 애덕의 대상이 되는데, 이는 애덕이 하느님의 사랑에 참여하는 것이고 그 피조물이 하느님의 사랑을 받는 대상인 한에서이다. 많은 경우 번역문에서 애덕(charity)과 사랑(love)을 굳이 구별할 필요가 없지만, 이 단락에서는 '애덕의 사랑'이라는 표현이 나오므로 이를 구별하여 번역했다. (譯註)

2. 저자는 여기서 인간 영혼으로서의 영혼에 대해 말하고 있다. 영혼은 그것이 생명을 주는 곳보다 그것이 사랑하는 곳에 존재한다.

3. 지복은 최고의 행복을 말한다. 인간의 지복이 무엇으로 이루어지는지에 대해서는 여러 철학자와 신학자들이 달리 정의한다. (譯註)

4. 사랑이 없다면 어떤 완전한 덕도 없다. 사랑이 없으면 덕은 인간을 어떤 더 낮은 목적으로 이끌 수는 있지만 인간의 최종 목적인 하느님께 이끌 수 없기 때문이다. 그런 의미에서, 이전의 신학자들에 따르면 사랑은 다른 덕들의 '형상'이다. 다른 모든 덕들의 행위가 사랑에 의하여 초자연적인 것이 되고 그 진정한 목적인 하느님을 향하게 되기 때문이다(성 토마스, 《신학대전》 II-II, q. 23, aa. 7, 8. 참조).

우리가 할 수 있는 것은 기도뿐

1. 하느님은 당신 자신을 사랑하고, 피조물을 당신 자신을 위하

여 사랑할 수 있을 뿐이다. 우리가 우리 영혼 안에 이 사랑을 지니게 되면, 우리는 어떤 의미에서 그분과 하나가 된다.

2. 이 가르침은 기도가 본질적으로 "하느님을 향한 영혼의 고양"이라는 정의에 기초한다.

모든 판단은 양심의 소리에 따른다

1. 이렇게 함으로써 소죄의 경우에는 그 죄책이 사라질 것이며, 모든 죄에 대해서 벌이 사해질 것이다.

2. 우리말 성경의 번역과 다르다. (譯註)

먼저 자신을 낮추고 버려라

1. 성 토마스는 우리 자신에 대한 이 의견의 가능성과 올바름에 대해 다음과 같이 설명한다. "인간은 스스로 자신 안에 있음을 알고 있는 은밀한 잘못들 때문에, 그리고 다른 이들의 영혼 안에 하느님이 감추어두신 선물들 때문에 자신이 다른 모든 이들보다 보잘것없다고 거짓 없이 믿고 선언할 수 있다."

성 아우구스티누스(St. Augustine)는 《동정De Virginit》 제52장에서 이렇게 말한다. "외적으로는 당신이 다른 이들보다 낫게 보이더라도, 그들의 영혼 깊은 곳에서는 그들이 더 낫다고 믿으십시오."

마찬가지로, 스스로 자신의 힘으로는 전혀 쓸모없고 가치가 없다고 믿고 그렇게 말할 수 있다. 사도는 이렇게 말한다(2코린 3,5).

"우리가 무슨 자격이 있어서 스스로 무엇인가 해냈다고 여긴다는 말은 아닙니다. 우리의 자격은 하느님에게서 옵니다."(《신학대전》 II-II, q.161, a.6, 1m)

모든 것을 보살피고 있다

1. "만물은 고유의 선과 완전성을 가지고 있기는 하지만, 창조주의 손에서 완결된 상태로 나온 것은 아니다. 만물은 하느님께서 정해주신, 아직도 다다라야 할 궁극적인 완성을 향한 '진행의 상태'로 창조되었다. 당신의 피조물을 이러한 완전으로 이끄시는 하느님의 배려를, 우리는 하느님의 섭리라고 부른다."(《가톨릭교회교리서》, 302항) (譯註)

2. Serm. I. in Pent. 참조.

3. 하느님의 섭리에 대한 알베르투스 마그누스의 가르침은 참으로 훌륭하다. 그것은 피조물의 행위는 부분적으로는 자신에게, 부분적으로는 하느님께 의존하는 것이 아니라 온전히 자신에게 달려 있고 또한 온전히 하느님께 달려 있다는 공리에 기초한다(성 토마스, 《대이교도대전》 III, 70 참조).

스콜라 학자들이 가르치는 바와 같이, 인간적인 인과성은 신적인 인과성에 병행되는 것이 아니라 거기에 종속된다. 이 가르침은 하느님의 행위와 인간의 행위를 보장한다. 그 둘을 병행으로 볼 때에는 두 가지 모두를 해치며, 하느님께 속하지 않은 것을 그분께 돌

림으로써 운명론에 빠지게 하고 인간에게서 선을 위하여 필요한 원리들, 특히 자유의 원리를 배제하게 된다.

종속된 원인이라는 학설은 하느님이 정하신 일들이 최고의 권위에 의하여 결정되며 틀림없이 일어난다는 것을, 이차적 원인의 행위의 자유를 해치지 않으면서 설명한다. 이 모든 것은 최고도의 신학에 속한다. 불행히도 일부 근대 저자들은 이것을 잊어버렸다.

신과 하나가 되는 길

알베르투스가 알려주는 완전한 인간의 삶

초판 찍은 날 2023년 04월 13일
초판 펴낸 날 2023년 04월 20일

지은이 알베르투스 마그누스
옮긴이 안소근

펴낸곳 오엘북스
펴낸이 옥두석

편집장 이선미 | **책임편집** 임혜지
디자인 이호진

출판등록 2020년 1월 7일(제2020-000115호)
주소 경기도 고양시 일산동구 중앙로 1055 레이크하임 206호
전화 031. 906-2647 | **팩스** 031. 912-6643
홈페이지 https://blog.naver.com/olbooks
이메일 olbooks@daum.net

ISBN 979-11-975394-6-6 03230